Antonio Mira de Amescua

La hija de Carlos V

Edición de Vern Williamsen

Barcelona **2024**
Linkgua-ediciones.com

Créditos

Título original: La hija de Carlos V.

© 2024, Red ediciones S.L.

e-mail: info@linkgua.com

Diseño de cubierta: Michel Mallard.

ISBN tapa dura: 978-84-1126-156-2.
ISBN rústica: 978-84-9816-096-3.
ISBN ebook: 978-84-9897-572-7.

Sumario

Brevísima presentación

La vida

Antonio Mira de Amescua (Guadix, Granada, c. 1574-1644). España. De familia noble, estudió teología en Guadix y Granada, mezclando su sacerdocio con su dedicación a la literatura. Estuvo en Nápoles al servicio del conde de Lemos y luego vivió en Madrid, donde participó en justas poéticas y fiestas cortesanas.

Personajes

Acompañamiento
Andrés de Cuacos
Arnesto
Cazalla
Don Diego de los Cobos
Don Felipe
Don García
Don Jaime
Doña Ana
Doña Isabel de Borja
Doña Juana
Doña María
El condestable, don Pedro de Hernández
El duque de Abeiro, don Juan de Alencastro
El duque de Alba
El duque de Gandía
El Emperador Carlos V
El Príncipe de Portugal
Maximiliano
Músicos
Soldado

Jornada primera

(Salen don Diego y el Condestable.)

Diego   ¡Notable sentimiento!

Condestable   ¡Es en Castilla
el amor de sus reyes tan notable!

Diego   Su lealtad y su celo maravilla.

Condestable   Y es el César también príncipe amable;
con clemencia engrandece lo que humilla.

Diego   Es porque tiene en vos gran condestable.

Condestable   Señor don Diego de los Cobos, eso
gana en tanta prudencia tanto seso.

Diego   Tres pedazos del alma se dividen
hoy en Juana, en Felipe y en María,
que de los orbes la distancia miden,
pasando a diferente monarquía.

Condestable   Los negocios de Italia al César piden,
donde hoy se parte a Portugal y a Hungría
Juana y María, con la misma priesa
donde una es Reina ya y otra princesa.

Diego   Felipe se nos queda, que Dios guarde,
en el gobierno solo.

Condestable   Sí, que ha hecho
de su prudencia y su valor alarde.

Diego	Postra el valor a su invencible pecho, que si la sangre en las entrañas arde, es forzoso el sentir.
Condestable	En él sospecho que es bronce el corazón.
Diego	Mucho de él tiene quien le resiste tanto.
Condestable	El César viene.

(Sale [el Emperador], Carlos V.)

Emperador	Don Diego de los Cobos, Condestable, ya el plazo se llegó, ya llegó el día en que el gozo mayor el alma entabla; triunfan Bohemia, Portugal y Hungría. ¿Qué es aquesto?

(Pónese el Condestable el pañuelo en los ojos.)

Condestable	Señor, es tan notable el común sentimiento.
Emperador	¿Mi alegría con llanto celebran? Dios da en los hijos los pesares así, y los regocijos suyos son. Él los da, y pensar debemos los padres que los hijos son preciosos cristales, que estimamos y queremos, siempre de que se quiebren cuidadosos; en ellos los espíritus bebemos,

transparentes, purísimos y hermosos,
mas con la prevención de efectos tales,
que hay poca eternidad en los cristales.
   Yo apenas conocí a los padres míos,
pues Felipe, mi padre, de mí ausente,
postró a la muerte sus gallardos bríos
en lo purpúreo de su hermoso oriente.
A la aprehensión de tantos señoríos
de trece años subí gloriosamente,
y tantos sus cuidados me obligaron
que de mi madre siempre me apartaron.
   Perdí a la Emperatriz, faltole al nido
del águila imperial la mitad de ella,
y así de sus tres pollos dividido,
quiero ganar lo que he perdido en ella;
y aunque debiera hacerlo enternecido,
el pesar en el gusto se atropella,
siendo hoy en resignar a Dios mi gusto,
César más soberano y más augusto.
   Decidme de la suerte que ha quedado
dispuesta la jornada.

Condestable   Deuda es mía,
a vuestra majestad siempre obligado,
ofrecer el caudal con bizarría;
y así el gusto me toca y el cuidado
del Rey Maximiliano y de María,
joya preciosa con que el cielo premia
las coronas de Hungría y de Bohemia.
   Gran parte de la nobleza me acompaña,
a quien honrosamente ilustra y [apuña]
la espada de rubí, que el patrón [daña],
que al moro postra, aunque en diamantes bruña,
hasta que en el cristal que calza y [apaña]

de coturnos de plata la Coruña
se engolfan los fuertes galeones,
vanagloria del Sol, del mar pavones.

Emperador

Ya, don Pedro Hernández, desde hoy quedo
más deudor al Velasco.

Condestable

Deuda es mía,
donde doy lo que valgo y lo que puedo.

Emperador

Miradme por el alma que os confía.

Condestable

Dudar de mi fe es eso.

Emperador

Éste es miedo
de padre, y como padre desconfía.
¿Y a Portugal, quién va?

Diego

¡Con tal grandeza
gloriosa parte a Portugal su alteza!
El duque de Escalona, acompañado
de don Pedro de Acosta, justamente
de Osma señor, dignísimo prelado,
como lucido en la facción presente.
En Yelves, como está capitulado,
o en la pequeña y líquida corriente,
línea de plata que los reyes parte,
tálamos ha de hacer tronos de Marte.
Allí la ha de entregar con soberana
majestad al de Abeiro, que la espera.
Siendo la portuguesa y castellana
nobleza de estos campos primavera,
con ellos serenísima mañana
hará su Sol traspuesto a nuestra esfera,

	donde teja mortal entre los brazos, donde teja mortal entre los lazos.
Emperador	Dios os oiga, don Diego, y logre en nietos lo que pierdo en dos almas, viendo España por unos esos bárbaros sujetos, y por otros la parte que Rin baña.
Condestable	Si de tan alta causa son efetos, heredando el valor que os acompaña, serán la majestad de todo el mundo.
Emperador	Ésa goza Felipo en el segundo. ¿Qué damas lleva la princesa?
Diego	Doce, que por signos el Sol dorar pudiera, número que aun a Borja reconoce.
Emperador	¿Llegó ya [el] de Gandía?
Diego	Aún hoy le espera .... [-oce] .... [-era] su alteza y va sin ella disgustada.
Emperador	Soledad la ha de hacer en la jornada. ¿Y está la prevención de mi partida concluida también?
Condestable	Ya el duque de Alba madura edad en juventud florida, nuncio de vuestro Sol, de Italia es alba. Los espera la armada prevenida

13

	monarquía del mar, del viento salva.
Diego	Difunta queda España.
Emperador	Viva queda,
	que don Felipe mi justicia hereda.

(Sale don García.)

García	Ya vienen a despedirse
	sus majestades y alteza.

Emperador	Aquí de su fortaleza
	el ánimo ha de vestirse;
	porque si llega a rendirse
	el grave dolor que siento,
	culparán el sufrimiento,
	y así será en tanto amor
	en mí la hazaña mayor
	resistir al sentimiento.
	Salidlos a recibir
	en tanto que me prevengo
	para la ocasión que tengo
	que temer y resistir;
	lo que resta de morir
	—tan poco, ¡qué suerte dura!—
	por más que se la asegura
	la vida al bien que está ausente,
	para no ser, solamente
	le falta la sepultura.
(Vanse.)	Agora que solo estoy,
	majestad dejadme ser,
	padre en sentir y temer
	pues siendo Rey, piedra soy.
	Lágrimas, licencia os doy

14

a que del alma salgáis.
¿En qué anegándome estáis?
Que en un César es bajeza;
mas pienso que con certeza
de padre me disculpáis.
   Salid, porque padre sea
y piedra deje de ser;
salid antes que el poder
y la majestad se vea.
Procurad que el amor crea,
alma, que llorar sabéis;
pues si aquí me enternecéis,
veréis en tantos enojos
que monarquía en los ojos
de los césares tenéis.

(Salen don Felipe, doña Juana, doña María, Maximiliano, el Condestable y acompañamiento.)

   Mis hijos vienen aquí,
y es recibirlos razón.
¡Ea, llegue la ocasión
en que he de vencerme a mí!
Para trabajos nací,
no hay que rehusar los vaivenes
de la Fortuna. Aquí tienes
dolor, Amor, sin segundo,
que bien sé yo que da el mundo
pago de todos sus bienes.
   ¿Está en el solio dispuesto
lo que ordené?

Condestable   Sí, señor.

Emperador	Pues alto, embista el Amor; que ya le aguardo en el puesto.
Condestable	Lo soberano y modesto mezcla tan grave y ufano, que en él, sin afecto humano, tanto sus astros mejora, que lo modesto enamora y espanta lo soberano.

(Híncanse de rodillas los príncipes.)

Felipe	Denos vuestra majestad su mano y su bendición.
Emperador	¡Ay, prendas del corazón! Reina, alzad. Príncipe, alzad. Llegad al pecho, llegad al alma. Dios os bendiga, y en versos David os diga que veáis, Reina y princesa, ceñir los hijos la mesa, como renuevos de oliva. Hija, Felipe, sobrino, Maximiliano, escuchad.
Maximiliano	¿Qué manda su majestad?
Condestable	¿Hay tal caso?
Diego	¡Peregrino!
Juana	Él nos enseña el camino con que le hemos de imitar.

Emperador	Ojos, dejad el llorar.
	¡Ay, queridas prendas mías,
	qué largos serán los días!
	¡Qué grande será el pesar!
(Siéntanse.)	Hijos, no os espante en mí
	tan notable prevención,
	que de todas mis hazañas
	ésta es la hazaña mayor.

El Amor me saca al campo,
y es tan valiente el Amor
que, siendo Rey soberano,
aquí temiéndolo estoy.
César quise ser, vestido
de majestad y valor,
mas la terneza en mis ojos
me dice que padre soy.
Venciome la fortaleza
si la majestad me armó.
Mas, ¿qué mucho si soy cuerpo
que pierdo tres almas hoy?
Hoy me hace Sol de la Italia
la precisa obligación
de César, y hoy mis estrellas
me quitan el resplandor.
Pero si a esferas extrañas
os llevan, y yo me voy
donde jamás he de veros,
¿para qué quiere ser Sol?
Felipe queda en España,
yo paso a Italia, y los dos
a postrar en Alemania
tan infame religión.
Doña Juana a Portugal

donde su madre nació,
va a ser prenda de don Juan
su príncipe y su señor.
Dios le haga dichosa en él,
siendo el alarbe feroz
alcatifa de su trono,
mármol de su panteón.
Oh, hijo, Josué segundo,
tierno y generoso estoy
repartiendo entre mis tribus
la tierra de promisión.
Todo os adore y bendiga
con gloriosa aclamación;
que el amor de sus vasallos
hace el príncipe mayor.
No deis a herejes oídos,
que en el golfo de su error
son sirenas del infierno
que emponzoñan con la voz.
Dejen Juanus y Lutero
la Alemania superior;
que lo que empecéis vosotros,
iré a concluirlo yo.
La fe estableced en ella,
porque conozcan que sois
espíritu de mi celo,
y parte de mi toisón.
Y sobre todo os encargo...
mas, ¿aquí el poder llegó
de Emperador a mandaros
lo que es digna obligación?
Y así os mando como César
católico, defensor
de la iglesia que hoy ampara

un pontífice León,
que el santísimo inefable
sacramento, en quien obró
con la mayor providencia
Dios al portento mayor,
celebréis con tal decoro
y con tal veneración,
que tiemblen los dogmatistas,
en nubes de pan el Sol.
Sepan confusos y ciegos
que el pan que ven pan es Dios,
siendo en Él los accidentes
cortinas de su pasión.
Conozcan que está realmente
en la hostia, que asistió
en virtud de las palabras,
ley de la consagración.
Vivid con esta verdad,
perded por esta facción
las vidas. Mas si sois Austrias,
¿por qué esta advertencia os doy?
Herencia es vuestra por sangre,
con la feliz sucesión
de aquel glorioso archiduque,
de esta verdad precursor.
Pues dándose su caballo
al sacerdote, dejó
la majestad del imperio
por ser lacayo de Dios,
sin perder hacha ni rienda.
No a su pueblo, como Aarón,
libró, sino a Dios, por mares
de una tempestad atroz.
Vosotros, pues, a su ejemplo

y a su sacra imitación,
confundid los que a Dios niegan
en el pan por el sabor.
Decid que el gusto se engaña,
como la vista se erró,
siendo así los accidentes
ministros de la razón.
Postrad a los relicarios
la majestad. Dad favor
a la fe sin permitir
en su verdad opinión;
porque esto es ser fe, y monarcas
tan justos darán temor
a los bárbaros que dejan
la luz por la confusión.
Yo soy, al fin, Carlos V,
señor del mundo y señor
de todas las voluntades,
que es el más alto blasón.
La tierra me viene estrecha,
aunque en la parte que halló,
con nuevos mundos pretende
darme una ensancha Colón.
Mas en tanta majestad,
esta urna y aquél son
os digan lo que he de ser,
si os he dicho lo que soy.
Y pues salís a imitarme,
sea con tal prevención
pues veis que a esto se reduce
la monarquía mayor.

(Suenan cajas destempladas, aparécese una tumba con una calavera, una corona y un estoque, y desaparécese el Emperador en la misma tramoya.)

Felipe
                    Para ver en lo que para
          la majestad que os contemplo,
          de vuestra vida el ejemplo
          solo, señor, me bastara.
          Él me advierte y me declara
          desengaños que advertir
          para regirme y regir
          los reinos que he de mandar,
          porque se aprende a Reinar
          con aprender a morir.

Maximiliano
                    Aunque está la majestad
          tan incierta de este daño,
          admitiendo el desengaño,
          amaré en vos la verdad.
          Reinad a siglo, Reinad
          edades de tiempo incierto,
          que en el Reinar os advierto,
          a pesar del tiempo esquivo
          que en el cielo reináis vivo,
          si en la tierra os juzgo muerto.

Juana
                    Padre y señor, yo os prometo
          vivir siempre prevenida
          de mi vida en vuestra vida,
          que reverencio y respeto.
          Vos seréis siempre mi objeto,
          y mi vida seréis vos,
          para que el mundo en los dos
          vea, en llegando a mi reino,
          y que vos reináis por vos.

(Salen el Condestable y don Diego de los Cobos.)

Diego	Ya hay literas prevenidas.
Felipe	¿Mi padre?
Condestable	Ya se ha partido.
Maximiliano	¿Quién pondrá en tan triste olvido, consuelo a tan tristes vidas?
Juana	Nuestras almas divididas muestren aquí la terneza, las leyes de la grandeza.
Felipe	¡Oh, fieras, oh, ingratas leyes!
Condestable	¡La carroza de los reyes!
Diego	¡La litera de su alteza!

(Vanse. Salen Arnesto y Jaime, y saquen en los brazos a doña Isabel de Borja.)

Jaime	¡Desjarretadle! ¡Muera quien tal crueldad de su valor creyera!
Arnesto	¡Oh, animal portentoso, de la mujer imagen en lo hermoso! Maldito sea el primero que te ajustó a república de acero.

(Sale el duque [de Gandía].)

Gandía	¿Muerta mi hermana? ¡Ah, fieros!

Arnesto	Etnas de luz nos dan sus dos luceros.
Gandía	¿Pues qué ha sido?
Arnesto	Locura del palafrén, soberbio en su hermosura...
Gandía	¡Nunca a Castilla fuera a ser de la princesa camarera! ¡Doña Isabel, hermana! Violeta es el jazmín, oro la grana. ¡Perdió Borja su día!
Jaime	Voces en vano das.
Arnesto	¡Señora mía!
Gandía	Echémosle en la cara destroncado cristal en agua clara.

(Vuelve en sí.)

Isabel	¡Ay, Dios, solo pudiera Clara mostrar mi juventud primera!
Gandía	¡Oh, maravilla rara! ¡Doña Isabel!
Isabel	Señor, ¿dónde está Clara?
Gandía	¿Qué Clara?
Isabel	Hermano, aquella siempre abismo de luz y siempre estrella.

Cuando el bruto espantoso,
desmintiendo su instinto generoso,
de las riendas opreso,
quiso en mi vida rendirme el peso,
Clara me dio la mano.
La misma copia de la santa, hermano,
que las Descalzas tienen
en el altar, a quien deidad previenen.
Ésta, cuando caía,
me pareció que afable me decía:
«Yo, para levantarte
quiero de ese caballo derribarte.
Caída es amorosa.
Pablo has de ser, porque has de ser esposa
de aquel blando cordero,
que tu culpa le puso en un madero;
y la que hoy verte espera
su mayor y más digna camarera,
te verá virgen rosa,
siendo por tu ocasión ella gloriosa.»

Gandía   Bien pudo en ansia tanta
esas ideas trasladar la santa
así en tu entendimiento.

Isabel   Sentí su voz, como la tuya siento.

Gandía   Pues en mi nombre trata
darle al milagro lámpara de plata.

Isabel   Deme vuestra excelencia
esa mano a besar, y la licencia
de volver a Gandía.

Gandía	En sus huertas te ves.
Isabel	Ya presumía que en Portugal estaba, y a la princesa de vestir le daba.
Gandía	Su alteza por agora te puede perdonar, si no mejora tu salud.
Isabel	Vamos, luego, que el alma en vivo fuego se abrasa ya por veros, que quiere esta piedad agradeceros sin salir de Gandía.
Gandía	Haz, Arnesto, que vuelvan este día prevención y criados, ... [-ados]. Ve en mis brazos fiada.
Jaime	¡Que deshaga un caballo una jornada!

(Vanse. Salen el Príncipe de Portugal y el duque de Abeiro y acompañamiento.)

Príncipe	Como quien sois servís.
Abeiro	Dame tu mano que es para mí el favor más soberano.
Príncipe	A don Juan de Alencastro, como a primo los brazos doy.

Abeiro	Ese favor estimo.
Príncipe	¡Llega la princesa!
Abeiro	¡Gloria ilustrada!
Príncipe	Decid, duque de Abeiro, la jornada.

Abeiro   La princesa doña Juana,
serenísima señora,
gloria y honra de Castilla
y tu dignísima esposa,
con la mayor majestad,
mayor aparato y pompa
que hasta hoy se ha mirado en libro
ni encarecido en historias,
servida de la grandeza
castellana, que era en tropas
pedazos de primaveras
con que los campos se adornan,
al breve ambiguo cristal,
muro excelso y raya poca
que a los dos reinos divide,
prodigios de Babilonia,
llegó, modesta y divina,
gallarda, altiva y hermosa,
con majestades de Sol
y con imperios de aurora.
Un melado palafrén,
bañado de negras moscas
—o de abejas, que acreditan
los néctares de la boca—
cuya gualdrapa, anegada
ya por las piedras y aljófar,

la tela ver no permite
ni que el color se conozca.
Breve nube de aquel Alba,
era de aquel Sol carroza,
altar de aquella deidad,
y de aquel ángel custodia.
Don Diego López Pacheco,
marqués, duque de Escalona,
de la rienda le traía,
a quien don Pedro de Acosta,
por sus virtudes y letras
dignísimo obispo de Osma,
acompañaba, que en él
Carlos sus poderes copia.
A éstos los nobles seguían,
en los bordados y joyas,
si no ostentación bizarra,
cortesana vana gloria.
El portentoso animal,
dando en el crin y la cola
golfos de oro, que atrevido
el aire desparce en ondas,
si águila no parecía,
que otra Ganímedes roba,
Júpiter se hace caballo
en la castellana Europa,
y tan soberbio y tan vano
los escarceos informan,
que la majestad se finge
que en sus espaldas se asoma.
Vieras entonces los campos
fingir turquescas alfombras,
con las soberbias libreas
y con las galas costosas,

que en los colores y plumas
parecen valles y rocas,
almendros, por ser del marzo,
que en un día se malogran.
Unos aquí mieses fingen
pespuntadas de amapolas,
cuando en océanos verdes
son de los vientos lisonjas.
No se han visto eternamente
confusiones tan hermosas,
ni jamás tan bien lograda
primavera de dos horas.
Llegué, llevando conmigo
la ilustrísima persona
del obispo de Coimbra,
don fray Juan Suárez, gloria
de la observancia agustina,
y piedra de su corona;
y hechas en la real entrega
las dispuestas ceremonias,
nunca con mayor grandeza
ni jamás con tal concordia,
el duque me dio la rienda,
donde un Faetón me transforman
los rayos del Sol que guío
por precipicios de sombras.
Aquí tumultos oyeras,
y aquí vieras, en discordias
de las dos lenguas mezcladas
alegrías y congojas;
porque «¡Viva la princesa!»
dijo Portugal, y en roncas
voces Castilla, de envidia
o de sentimiento, llora.

Soberana me pregunta,
como quedaba en Lisboa
el príncipe mi señor,
y aguarda a que le responda
concediéndome la sangre
y púrpura vergonzosa,
porque no le profanaran
cortinas que al rostro corran.
Tras mí en el limpio viril
todas las reliquias dora
siendo el obispo el postrero,
que por prelado le toca.
Con real grandeza entró en Yelves,
donde su alteza reposa
aquella noche, por ver,
soberbia arrogancia y loca,
ganar aplausos de día
con privilegios de antorcha.
Proseguimos las jornadas,
siendo los caminos copias
de abejas, cuando en sus cuadras
unas tropiezan en otras,
los piquillos iluminan
con las flores que destrozan.
Llegamos así a la villa
de Estremoz, donde se apoyan
los aparatos y triunfos
de las romanas colonias,
donde aguardándola estaba
el Rey, mi señor, con toda
la gloria de Portugal,
lisonjera de su gloria.
En sus brazos la recibe,
y ella a sus plantas se postra,

quedando en tanta humildad
la majestad más gloriosa.
No me detengo en las fiestas
por referirte que en Cogna
se ha embarcado en un jardín,
que sobre el Tajo se forma,
prevención porque no vea,
que crespos cristales corta,
pasadizo de tres leguas,
dispuesto en leños que brotan
fugitivas primaveras
en las cristalinas ondas.
Es un corriente pensil,
que es un milagro que a Roma,
Efeso y la insigne Egipto
da admiración, que con todas
las maravillas del mundo
puede competir heroica;
pero ser de Portugal
para encarecerlo sobra.
De este, ceñida de oliva,
cándida y mansa paloma,
el águila de Austria sale
a ser sacra precursora
en tus reinos de la paz
y de la misericordia.
Plega a Dios que entre sus brazos
vivas edades notorias,
sin pedir siglos al fénix
ni incendios a sus aromas,
dándole a Portugal Juana,
a tus quinas vencedoras
Alfonsos, a la fe espadas,
a la majestad memorias,

a los soberbios castigos,
a los humildes coronas,
nietos a tu heroico abuelo,
al César triunfantes glorias,
remedo de sus hazañas
y amagos de sus victorias.

Príncipe   Y a vos, don Juan de Alencastro,
plega a Dios que el cielo os oiga.

Abeiro   Oiráme el cielo, señor.
Su alteza a la puerta asoma;
la artillería hace salva
al castillo con gran pompa.

Príncipe   Y él le paga en consonantes
que en preñados versos copia.
Ya mi armada la recibe.

Abeiro   Solo pudiera Lisboa
hacer tal demostración.

Príncipe   Mis deseos la provocan.

(Salen delante bailando a la princesa [doña Juana] y a una esquina del tablado
el Príncipe, y después de haber cantado se llega uno a otro. Cantan.)

Músicos   «Venga [ya] muito en buen hora
la princesa doña Juana,
ainda que es castellana,
y las almas enamora.»

Príncipe   La mano me dé a besar
vuestra alteza.

Juana   Vuestra alteza
              no esté así.

Príncipe   ¡Rara belleza!

(Luciendo cortesía y entrambos hincándose de rodillas.)

Juana   Señor, éste es mi lugar.
                    Así estaremos los dos,
              señor.

Príncipe   Así estoy triunfando.
                    Y así estoy venerando
              la omnipotencia de Dios.

Juana   Dejad, gran señor, los pies.

Príncipe   Portugués me considero.

Juana   Aunque portugués os quiero,
              no os quiero tan portugués.

Príncipe   La mano os vengo a pedir.

Juana   La vuestra me da a mí honor.

Príncipe   Esto es premio.

Juana   Esto es amor.

Príncipe   Esto es amar.

Juana   Esto es sentir.

(Los Músicos [se] van cantando la misma copla y todos éntranse; y salen el Condestable y don Diego.)

Condestable   Aumente el cielo los años
                               eternidades de siglos
                               hoy en los años del César
                               que cumple cincuenta y cinco.

Diego   Bruselas se descompone,
                               todo es fiesta y regocijo.
                               Victoria de tantos años
                               honran con risas y gritos.
                               De él se han derivado en Carlos
                               las suertes y los prodigios.
                               Mas ya se sale vistiendo
                               el máximo Carlos V.

(Sale [el Emperador] Carlos.)

Emperador   Mucho a Bruselas le debo.

Condestable   Eres su monarca.

Emperador   He sido
                               siempre su padre piadoso.
                               Bien en tu favor lo he visto;
                               el primer César te llaman.

Emperador   Fuera esto ofender al Quinto.
                               Yo pagaré tanto amor.

Condestable   Mis músicos he traído
                               y en la antecámara están.

Emperador   Siempre os veo en mi servicio
y en mis gustos diligente.
Canten, que gusto de oírlos.

Condestable   ¡Hola, cantad! Que ya os oye
su majestad.

Emperador   De mí mismo
hoy como el fénix renazco,
que aún no me faltan los bríos.

(Salen los Músicos.)

Músicos   «De trece años Carlos V
bajó a Castilla de Flandes,
y con majestad en ella
venció las Comunidades.»

Condestable   Llegad.

Emperador   Denles cien escudos
por cada triunfo que canten,
que aunque es tan modesto el precio,
la cantidad será grande
si aquí los refieren todos
y aún espero acrecentarles,
Conde, desde hoy otros muchos.

Condestable   Mil años el cielo os guarde.

Músicos   «Vence Carlos en Pavía
al Rey Francisco de Francia,
más facción de su fortuna

que del marqués de Pescara.»

Emperador
Dicen verdad, que en mí estuvo
el valor y la constancia.
De aquel triunfo canten más
que de buen gusto los cantan.

Músicos
«Desafió Carlos V
desde Viena a Celín,
cuerpo a cuerpo en la campaña
y no se atrevió a salir.»

Emperador
¡Y cómo que fue verdad,
y cómo que pasó así!
No estuve, Conde, en mi vida
con más gana de reñir
que entonces, y lo matara,
según bizarro me vi.
No he sentido, ¡vive Dios!,
cosa tanto como allí
no pelear cuerpo a cuerpo
con él; pero viome en fin.

Músicos
«A los pies de Carlos V
está [Landgrave] y Sajonia,
medrosos de su justicia
pidiendo misericordia.»

Emperador
Siempre fui con los rendidos
piadoso, que las historias,
si con el valor se adquieren,
con la clemencia se adornan.

Músicos
«Ya Barbarroja soberbio,

sangriento y vencido en Túnez,
entre los brazos del César
piedad a voces le pide.»

(Canta dentro Andrés de Cuacos.)

Andrés   «Pobre nací y pobre me vi,
y pobre me estoy;
y dáseme un cornado
del emperador.»

Diego   ¿Hay mayor atrevimiento?

Condestable   ¿Hay desvergüenza mayor?

Diego   La posta es.

Condestable   ¡Hola, matadle!

Emperador   ¡Terrible resolución!
No le ofendáis, que hoy no es día
de fiereza ni rigor.

Condestable   Ha sido gran desacato.

Emperador   Interrumpir lo peor
a vuestra música ha sido,
Conde, con tan mala voz.
¿Qué no se le da un cornado
de mí dijo, como oyó
cantar mis triunfos? Merece
mi clemencia y mi perdón.
Traedle, que quiero verle.

Condestable   ¿Hay tal hombre? Entre el cantor,

que le quiere ver el César.

(Sale Andrés.)

Andrés   No ha sido el cantar error.

Condestable   Ha sido gran desvergüenza
                  .... [-ó].

Emperador   Dejadle. ¿Qué hacéis la posta?
                  .... [- ó].

Andrés   Yo, señor, sí... porque... cuando...

Emperador   Sosegaos.

Andrés   Como estoy,
                  cuando me juzgáis culpado,
                  en vuestra presencia, y vos
                  estáis, como dicen todos
                  estáis en lugar de Dios...

Emperador   No temáis, decidlo, amigo.
                  .... [-ó].

Andrés   Del mundo desengañado,
                  que es enemigo mayor,
                  viendo que da los pesares
                  como los bienes nos dio,
                  hago burla del cantado
                  y digo aquesta canción.

Emperador   Decidla, que yo os perdono,
                  y ha de ser en alta voz.

Andrés	Soy músico muy novicio.
Emperador	Para mí sois el mejor.

[Canta.]

Andrés	«Pobre nací, pobre, viví,
	y pobre me estoy;
	y dáseme un cornado
	del Emperador.»
Emperador	¿Cómo, juzgándoos tan pobre,
	de mí no se os da un cornado?
Andrés	Señor, porque cuando muera
	serán menester mis cargos,
	y en un cornado no estimo,
	si allá habéis de ser juzgado
	como el más pobre, el más vil,
	el más humilde, el más bajo,
	vuestros imperios.
Emperador	¡Bien dice!
	¿Mas el ser pobre es ser santo?
Andrés	No, señor; antes los pobres
	somos impacientes, vanos,
	envidiosos, fementidos,
	viles, crueles, ingratos,
	y humanamente demonios,
	no siéndolo voluntarios.
	Mas yo, señor, siendo pobre,
	solo de salvarme trato,

que al fin se canta la gloria,
y esto advierte en lo que canto.

Emperador	¿Cuánto ha que soldado sois?
Andrés	Pienso que dieciséis años.
Emperador	¡dieciséis años! ¡Qué bien!

.... [-a-o].

Andrés   Y tanto, que de los quince,
vuestras glorias acompaño.

Emperador   ¿Treinta y un años tenéis?

Andrés   Señor, sí, que tantos años
tres mil setenta y dos meses,
y en semanas dilatados
son cuatro mil y trescientas
y cuarenta. Éstas sumando
en días son dos millones
y ciento y treinta y si paso
a reducirlas a horas,
son las que por mí han pasado
cuarenta y nueve millones
de horas. Si a medios o cuartos
las reduzco, vendrá a ser
el número imaginado
infinito; si tú tienes
de dar cuenta de tus años,
meses, semanas y días,
horas, medias horas, cuartos,
y el menor espacio de estos
contener puede un pecado,

que los delitos y ofensas
salen en tan breve espacio,
¿por qué no quieres que diga
que no se me da un cornado
del Emperador?

Emperador   ¿No oís
lo que dice? ¡Castigadlo!

Andrés   Porque sepas, gran señor,
como mi remedio trato,
quiero que veáis un libro
que en mi fardellito traigo.
Lea vuestra majestad.

(Saca un libro de un fardel viejo.)

Condestable   Ciérralo allá.

Emperador   No hagáis caso
jamás de la guarnición
del libro, conde. Mirarlo
por lo escrito es lo que importa,
que no está en lo encuadernado
lo que viene.

Andrés   La letra
es mala.

(Lee [el Emperador] Carlos.)

Emperador   «Breve sumario
del tiempo que Dios me dio
para ver como le gasto.»

Andrés	Años, meses, días, horas, desde que discurso alcanzo, tengo en ese libro escritas, donde no se me ha pasado el instante más pequeño ni el pensamiento más vario. Vedlo bien.
Emperador	¡Extraña cosa!
Condestable	¡Cuenta estrecha!
Emperador	¡Hombre extraño!
(Lee.)	«Año de mil quinientos, lunes catorce de mayo, día de San Valentín, llegaste...» Adelante paso. «Jueves a veinte de enero del años de treinta, estando el imperial escuadrón sobre Lasartas, el cuarto de la modorra me cupo; éste le pasé rezando el Rosario de la Virgen y por las ánimas cuatro. Llovió y nevó sin cesar, y de impaciente di al diablo al César y al de Alba...»
Andrés	Es cierto.
(Lee.)	

Emperador	«Dejé la posta y mojado
	llegué al cuartel, donde estuve
	a la lumbre murmurando
	de mi alférez; recosteme
	a reposar sobre un banco;
	recordé, y dando las ocho
	fuimos a tomar un trago
	mis camaradas y yo,
	en que media hora gastamos
	en conversación honesta
	y en porfía de los campos.
	Hasta las nueve estuvimos
	en misa, y nos apartamos...»

Andrés   ¿Hay tan gran puntualidad
y cansancio?

Emperador   Es buen cansancio.

(Lee.)   «Año de nueve en Amberes.
Herido de un mosquetazo
en el hospital entré.»

Andrés   Señor, con ese cuidado
está todo.

Diego   ¿Hay mayor flema?

Andrés   La cólera es todo agravios;
y desde que razón tengo,
esta cuenta y razón guardo,
que en este reloj de arena
cuento las horas por granos.

Emperador	Este hombre no es el que habla.
	Matías mueve sus labios,
	y en su día y en mi día
	me advierte estos desengaños.
	Y si juzgado he de ser,
	no como un hombre ordinario,
	sino como un César loco,
	¿qué me detengo? ¿Qué aguardo?
	¿De dónde sois?
Andrés	Extremeño.
Emperador	¿Habéis sido buen soldado?
Andrés	Pienso que sí.
Emperador	Pues, decid,
	¿cómo oficio en tantos años
	no habéis tenido?
Andrés	Señor,
	porque no le he procurado.
Emperador	Mucha modestia es la vuestra.
	¿Tenéis papeles?
Andrés	De asaltos
	y de facciones honrosas,
	de hechos extraordinarios,
	tengo mis fes, y otras tantas
	certificaciones traigo.
Emperador	Pues sed desde hoy capitán.

Andrés	Vivas, soberano Carlos,
	mil siglos en que te sirva,
	mas sin oficio ni cargos.
	Perdóname, que no quiero
	trocar a ajenos cuidados
	los míos; antes quisiera
	retirarme a ser donado
	a un convento. Esto procuro;
	.... [-a-o]
	temo el no me recibir
	y así quiero suplicaros
	me hagáis merced de una carta,
	gran señor, facilitando
	este impedimento.
Emperador	¿Y dónde
	imagináis retiraros?
Andrés	En Yuste, que es un convento
	que está muy cerca de Cuacos,
	aldea donde nací,
	y porque, señor, me llamo
	Andrés de Cuacos.
Emperador	¿Convento
	hay allí?
Andrés	Puedo llamarlo
	cielo, paraíso, donde
	bebe en naturales cuadros
	la tierra el aura apacible
	de diamante y topacios.
	Reino es de la primavera,

jerarquía de ermitaños
jerónimos.

Emperador
En este hombre
los cielos me están hablando.
Escribir quiero a Felipe.
Vea su sitio y si acaso
es a propósito, quiero
darme en él a Dios en cambio
de tan malogrados días,
de tan perdidos años.
¡Andrés de Cuacos!

Andrés
¿Señor?

Emperador
La vuelta de España trato.
Conmigo iréis, y en ella
veremos juntos los claustros
de Yuste, donde podrán
vernos donados a entrambos.
Conde, desde hoy en mis libros
asienten por mi criado
a Andrés de Cuacos.

Condestable
¿Y en qué
oficio han de ocuparlo?

Emperador
De músico ha de servir
de mi cámara.

Andrés
Yo canto
como veis.

Emperador
Por lo que he visto,

amigo, músico os hago
de mi cámara; que quiero
que siempre me estéis cantando
esa canción, que por ella
veré que vale un cornado
más que una imperial corona.
Pero es oro, y ella es barro.

Diego   El César se ha enternecido.

Condestable   Pues, tratemos de alegrarlo,
y a aguardar los parlamentos
y las fiestas.

Emperador   ¿Dónde vamos,
que hoy es el día que triunfo,
pues que de mí voy triunfando?

Andrés   Y yo la alabarda dejo,
si vuestro cantor me llamo.

Emperador   Andrés, con tan mala voz
cantar tan bien es milagro.
Desde hoy el mundo ha de ver
la mayor victoria en Carlos.

Fin de la primera jornada

Jornada segunda

(Sale la princesa doña Juana, el Rey de Portugal su suegro, y ella vestida de luto, y acompañamiento.)

Juana   Nadie en acción tan rara,
si no es agora me ha de ver la cara,
fidalgos, mientras viva,
que me pide mi esposo tan esquiva.

Rey   Hija, tantos enojos
no ocasionen lágrimas a tus ojos,
aunque el cetro embellecen.

Juana   Lágrimas son de esposo, y bien parecen
para llegar con vida;
dame licencia aquí que me despida
de ti, señor, y de ellos,
pues en mi vida he de volver a verlos.

Rey, don Juan de Portugal,
cuya majestad eterna
haga el tiempo en tus metales
y la fama de tus banderas,
padre mío y señor mío,
venerable competencia
a los laureles de Roma
y a las tierras de Grecia;
fidalgos, a quien dos mundos
por vuestras espadas tiemblan,
al fin portugueses nobles,
por quien las quinas sangrientas
siendo en el África rosas
son en el oriente estrellas,

abono de lo que os amo,
sean mis lágrimas tiernas
testigos de mis palabras
y efectos de mis ternezas.
De los brazos de mi padre
vine a ser vuestra princesa;
jamás me vi tan honrada,
jamás me vi tan contenta.
Del príncipe mi señor
don Juan fui dichosa prenda,
desdichada en que me falte,
miserable en que le pierda.
Trece meses merecí
su dulce tálamo apenas,
cuando en tan felices lazos
juzgaba edades eternas.
Pero la muerte envidiosa
quiso, arrogante y soberbia,
darme e entender que ella sola
no sabe ser lisonjera.
Trasladose a mayor día
fiose a más alta esfera,
pues en provincias de rayos
es majestad de planetas.
Pero aunque se fue, Dios quiso
que en don Sebastián os diera
su imagen, que en él malogro
al padre no se parezca.
A los dieciocho días
y resistiendo paciencia,
su muerte en él de ese santo
salió a renovar sus penas.
Hijo de dolor ha sido,
parto ha sido de tristeza,

plega a Dios que él alegría
de vuestros imperios sea.
Prenda es del alma y del alma
me le apartan, cuando fueran
con él mis ansias más sabias
y mis desdichas más cuerdas.
Sin alma parto, fidalgos,
que en el príncipe se queda,
y pues en él os la doy;
tened cuidado con ella.
Veneradla por su padre,
por mí estimadla y queredla;
ved que es alma de dos almas,
que quiere Dios que le pierdan.
Precisas obligaciones
me aparten de ella, y es fuerza
que el cuerpo tenga en Castilla
y el alma en Portugal tenga.
A su gobierno me llama
por estar ausente el César,
mi padre, y porque mi hermano
se casa en Ingalaterra.
Mirad como gobernar
podrá a Castilla quien deja
en un alabastro el alma
y en un ángel sus potencias.
Y aunque esto siento, fidalgos,
como es razón que lo sienta,
disgustos son y pesar,
que al dejaros no llegan.
Favorecedme por sola,
por viuda y extranjera,
por pobre y por peregrina,
y por mujer que se ausenta.

Sin espíritu, sin alma,
sin consuelo, sin paciencia
de padre que era su amparo,
de Rey que era su defensa,
de infante que era su gloria,
de grandes que su bien eran,
de fidalgos que eran su alma,
de ricos que eran su hacienda,
de pobres que eran su vida.
Y al fin, portugueses de esta
tierra, que para alabarla,
pintarla y encarecerla
ser Lusitania le basta,
donde los milagros cesan,
y es bien que al dejarla llora
quien por Castilla la deja.

Rey   Vivas, madre de don Juan,
                 vivas edades eternas.

García   Ya las galeras aguardan;
                 embárquese vuestra alteza.

Juana   Padre, fidalgos, adiós.

García   ¡Qué hermosura!

Rey   ¡Que tristeza
                 ha de quedar en el reino!

Juana   Señor, a mi cara prenda
                 vuelvo a encargar otra vez.

Rey   Cuando mi nieto no fuera,

por ser hijo de tal madre
lo estimara y lo quisiera.

(Vanse y salen el [duque de] Gandía y don Jaime.)

Jaime   ¿Ha de ser hoy la partida?

Gandía   Don Jaime, forzosamente
tanta priesa al de Segorbe
su esposo me da.

Jaime   Gran trueque
hace vuestra excelencia.

Gandía   Así
queremos que se conserven
parentescos y amistades.
Su hermana el duque me ofrece,
y yo la mía le doy,
puesto que de dote tiene
hoy trescientos mil ducados.

Jaime   Dote es, que pudieran reyes
estimarle, porque iguala
con su hermosura excelente.

(Sale doña Ana con un espejo, y debajo una muerte.)

Gandía   ¿Y la duquesa mi hermana?

Andrés   En el jardín se entretiene
cortando flores.

Gandía   Doña Ana,

dile que ya salir puede,
que la litera la aguarda
dudosa de palafrenes.

Andrés   Ella es la que viene aquí.

(Sale doña Isabel.)

Gandía   Haz, don Jaime, que se apreste
la jornada, porque gusto
de que los duques no esperen.
Dios a vuestra excelencia guarde,
que en mi vida me parece
que tan hermosa la he visto.

Isabel   Siempre me [das] mil mercedes
vuestra excelencia.

Gandía   Yo me voy,
la partida será breve.

(Vase.)

Isabel   No se depondrá por mí.

Ana   Bizarra y hermosa vienes.

Isabel   Vengo, doña Ana, de boda.

Ana   Solo en los vestidos eres.

Isabel   Más hermosa antes de mucho,
doña Ana, he de parecerte.

Ana	No puedes estar más linda
	jamás.

Isabel   Tanto lo encareces,
que verme quisiera.

Ana   Aquí
..................[-e-e]
tienes el espejo.

Isabel   ¡Muestra!
Rostro me hace diferente
el cristal.

Ana   ¡Qué maravilla
si es el cristal una muerte!

Isabel   En este espejo, doña Ana,
las bellezas han de verse,
que los cristales engañan
con las lisonjas que ofrecen.
Esto soy y esto he de ser;
a mi cuarto el cristal vuelve
y si viniere mi hermana,
le dirás que un ramillete
cortando estoy en los cuadros,
que halaga ese vidrio en sierpes.

(Vase.)

Jaime   ¡Notable virtud!

Ana   Mirando
la caja de sus afeites,

la hallé llena de cilicios
y de disciplinas.

Jaime   Vence
en todo a sus dos hermanos.

Ana   No se han visto en años verdes
tan ancianos desengaños
ni acciones tan diferentes.

Jaime   Con tan claros desengaños,
¿quién ciego se desvanece?

Ana   Quien ve en aquese cristal
todos los días la muerte.

Jaime   Alma santa es para mí.
Yo pienso que el duque viene.

(Sale el duque [de Gandía].)

Gandía   ¿Y doña Isabel, doña Ana?

Ana   Agora fue a su retrete,
que ha de pasar al jardín
para hacer un ramillete.

Gandía   Ve, y di que quedo aguardando.

(Sale doña Isabel de monja con un ramillete en las manos.)

¡Cielos! ¿Qué disfraz es éste?
¡Duquesa, hermana, señora,
doña Isabel!

Isabel	Desnudeme de Adán y de Dios vestime.
Gandía	¿Adónde vas de esa suerte?
Isabel	Al tálamo de mi esposo.
Gandía	¿Quién es tu esposo?
Isabel	El que puede, soberano y poderoso, criar este ramillete.
Gandía	¿Y el duque?
Isabel	Será mi esposo si criare otro como éste.
Gandía	¿Qué dices, doña Isabel de Borja?
Isabel	¡No el nombre trueques! Soror Francisca me llamo de Jesús, nombre a quien tiemblen los cielos y los abismos.
Gandía	No sé lo que me sucede.
Isabel	Yo sí, y al duque decidle que Dios Reina quiere hacerme, y así por un reino aquí es bien que un ducado deje.
Gandía	¡Hermana, hermana, señora!

Isabel	En vano es el detenerme.

(Vase.)

Jaime	Al convento se pasó por el jardín.

Gandía	iQue concierte esto Gandía sin mí! Llegad, pedazos hacedle; pero deteneos, que Dios sin duda sus pasos mueve.

(Vanse todos. Salen Cazalla y el Condestable, dándole un memorial Cazalla.)

Condestable	Bien lo merecéis no dudo, Cazalla, que la princesa dé a vuestra virtud el premio.

Cazalla	Yo sé, que si vuestra excelencia mi pretensión favorece, que saldrá con lo que intenta por ser amado de todos.

Condestable	Cuando que alegar no hubiera más de lo que habéis sentido, pues fuisteis a Ingalaterra con aprobación de tantos y finalmente del césar, sois de un obispado digno. ....[- e-a]

Cazalla (Aparte.)	(iY como si es justo, viven los cielos! Que es a mis letras

pequeño premio vuestra mitra
aunque de Toledo fuera.
¿Qué dijera el condestable
si con presunción me viera
de gran letrado y altiva
satisfacción?) Vuestra excelencia
tendrá ocupaciones grandes.

Condestable   Como llegó la princesa
de Portugal, tan dichosa
Castilla, aunque con la ausencia
del príncipe lastimada,
porque el Rey viéndola apenas
salió de Valladolid
aquella noche serena;
si en negro luto vestida
ella, como veis, gobierna
tan cuerdamente estos reinos,
que oscurecer de Cornelia
no era la prudencia mucho
de que se preciaba Grecia.
....

Cazalla   Parece que ya su alteza
sale.

Condestable   Voyla a recibir.

Cazalla   Acuérdese vuestra excelencia
de la merced que me hace.

Condestable   Será la consulta cierta.

(Sale la princesa doña Juana de luto con el manto echado hasta la cintura y una carta.)

Juana   Quejas son de los grandes de Castilla.
No queda nadie aquí.

Condestable   Ya tanto luto
y tristeza la corte maravilla,
.... [-uto]
.... [-illa]
precio se quede atrás perdone Bruto.

....

....

(Lee.)

Juana   «Hija, quejas me dan vuestros vasallos
de que no os ven el rostro eternamente,
y es necesaria cosa contentallos,
.... [-ente]
el rostro les mostrad para alegrallos.
Salga el Sol de ese ocaso al rubio oriente,
esto mando que hagáis. Templad el llanto,
el manto moderad, que es mucho manto.
   Nuevas: murió María. Ingalaterra
apellida a Isabel, y en tal estado
están las cosas, que a dejar la tierra
a vuestro hermano el reino se ha obligado.
Los tumultos de Francia en tanta guerra
en edades de paz se han confirmado,
siendo la oliva soberana y bella
Isabel de la Paz que pudo hacella;
   con Felipe la casó, que quería
en Castilla la corte ver de asiento,

y en ella establecer la monarquía
que en vuestro hermano renunciar intento.
Y aunque Valladolid es patria mía,
si la crianza excede al nacimiento,
viéndola en tantos montes retirada,
no me parece cosa acomodada.
    Esta apacible villa en que nacisteis
y en quien me hallé tan sano y tan robusto,
consultad si es capaz, pues suya fuisteis,
que el ser que le debéis pagar es justo;
mas aunque de Madrid lo recibisteis,
lo que al reino le importe excede al gusto
que nuestro intento es dar a los vasallos
corte y comodidad de descasallos.»

    ¡Oh majestad, oh poder!
Gloria de disgusto llena,
los que te juzgan tan buena
te habían de conocer.
    Vieran como tu decoro
está de víboras lleno,
y vieran que eres veneno
metido en lisonjas de oro.
    ¡Qué presto mi sentimiento
cuando esperé compasión,
ha dado al reino ocasión
de quejas sin fundamento!
    ¡Qué presto el manto han hallado
riguroso y descortés!
Pero es manto portugués
y les parece cansado. .
    Mas es desacierto igual
que le hace el manto a Castilla,
cuando muestra en su mancilla

finezas de Portugal.
A mi padre obedecer
es fuerza, mas pues levanto
por quejas del reino el manto,
yo me daré a conocer.
Yo haré que Castilla advierta
que también me sé enojar,
ya que llego a gobernar
con la cara descubierta.
¡Hola!

(Sale don García.)

García   ¿Señora?

Juana   Enojada
estoy y vencerme no puedo.
Don García de Toledo,
mi padre ver asentada
    la corte en Castilla quiere,
excusando en sus mudanzas
los gastos y las tardanzas
que del despecho se infiere
    de los que la corte siguen.
Para esto vuestro cuidado
junte el consejo de estado
donde su asiento litiguen,
    y yo he de ser la primera.
¿No escribisteis a Gandía
que ver al duque quería?

García   Ya en la antecámara espera.

Juana   ¿Y doña Isabel no viene?

Gandía   Solo, señora, ha llegado
                   el duque.

Juana   Estimo el cuidado
                   que de mis servicios tiene.

(Sale el duque de Gandía.)

Gandía   Deme los pies vuestra alteza.

Juana   Llegáis a buena ocasión,
                   que para cierta elección
                   juntar el consejo empieza.
                      ¿Cuándo llega vuestra hermana,
                   duque?

Gandía   A besarte los pies
                   llegará presto.

Juana   Tarde es
                   para quien con tanta gana
                      de verla esperando vive.

Gandía   Muy bien merece ese amor
                   pagarse con el favor
                   que de tu alteza recibe.

Juana   Llegue la audiencia.

Gandía   No vi
                   tal gracia en tal majestad.

Juana   Aquesa silla arrastrad.

(Salen Cazalla y el Condestable.)

Condestable   Llegad, Cazalla, hasta aquí.

Juana   Presto estaréis despachado;
               ¿vos sois Cazalla?

Cazalla   El menor
               esclavo tuyo.

Juana   Doctor,
               ya de vos me han informado,
                  y aunque Córdoba y Plasencia
               no es bien que vacos estén,
               .... [-én]
               que es grande la competencia;
                  ninguno es de aquestos dos
               el que a titularos vengo
               como veréis, porque tengo
               noticia que para vos
                  hay otro muy importante.

Cazalla   No sé que haya vaco alguno
               de nuevo.

Juana   Yo sé que hay uno,
               Cazalla, que su vacante
                  solo os pertenece a vos;
               y a Dios las gracias le he dado,
               que pienso que me ha alumbrado
               para su servicio Dios.
                  No tardaré en despacharos.

Cazalla   Beso mil veces los pies

a vuestra alteza.

Juana   Al fin es
mi obligación el premiaros.

García   La junta de estado aguarda.

Juana   Pues entre luego la junta,
que satisfaré a sus quejas
con la prevención que gustan.

(Salgan los que hubiere.)

Condestable   Mayor favor no queremos.
No esperemos más ventura.

Juana   ¿Veis bien que soy la princesa
doña Juana?

(Descúbrese.)

Condestable   Todos fundan
en vuestro gusto su intento.

García   Todos de serviros gustan.

Juana   Sentaos y oíd, pues mi padre
me manda que me descubra.
   Ya pienso que os ha escrito
mi padre en el cuidado que remito.
Desea que Castilla
firme establezca su dichosa silla,
que entre los castellanos
la corte ha sido hasta hoy silla de manos,

sin que jamás se vea
en estable lugar que corte sea.

Condestable   Si de mi voto fuera,
en Burgos su opulencia engrandeciera,
que toda aspira a reyes
ha sido voz de castellanas leyes;
y no es menor grandeza
hacerla a tantos reinos su cabeza.
Tiene edificios bellos
en tornos ricos y abundancia en ellos.

Juana   Está muy a trasmano
lejos del catalán y el sevillano.

García   Ávila me parece
que en buenos templos y edificios crece.

Juana   Acomodada fuera
si en clausuras de montes no estuviera,
que ceñidos de nieve
las cantimploras son donde el Sol bebe.

Condestable   Ese mismo defecto
tendrá Segovia.

Juana   Andáis, conde, discreto,
porque cuando reporte
sus velos el alcázar, la hará corte.

Gandía   Madrid me ha parecido.

Juana   Yo no he de hablar de tierra en que he nacido.

Condestable	Corte en ella han tenido los Enriques y Pedros.
Juana	Y le ha sido también del Quinto Carlos, y en cetro y majestad puede igualarlos.
Gandía	De mi largo cuidado hoy diré de Madrid lo que alcanzado.
Juana	Gustaré de saberlo.
Gandía	Éste es Madrid, y excuso encarecerlo. Madrid, que en su corta afila escuelas quiere decir de ciencias que enseñar puede al curioso Tamarit, fue dórica acción de Grecia, antes gloriosa años mil, que las águilas de Roma fueran del orbe neblís, siendo la corte primera que tuvo España Madrid aunque a Setúbal le pesa, señal de Tubalcaín. La riqueza de sus montes de España que en producir tesoros son escritorios en hermoso camarín. Dio asuntos a varias naciones para frecuentarla, a fin de empobrecerla, que en esto siempre fue España infeliz. Esta opinión desde Grecia

entre otros hizo venir
en babilonios de leños,
del mal errante pensil.
A uno hijo de Tiberio,
Rey de los latinos y
de la celebrada Monta,
por quien se vino a decir
Mantus, nombre que mudaros
los bárbaros en Madrid.
Éste aficionado al sitio
y a la origen con ardid,
a lo puro de los aires
y a su templanza turquí,
hizo ciudad esta villa
que el tiempo acabó infeliz,
porque no hay cosa que dejen
los tiempos de consumir.
Y en tiempo de Constantino
fue metrópoli matriz
con su obispo que fue Sergio
santo y de nación gentil.
Pidió Antioquia una imagen
que así la llamó jazmín,
para su ermita, oratorio
en que él vivía, que así
la soledad los obispos
acostumbraban vivir.
Ésta que de Antocha llaman,
corrupción de voz civil,
ha mil quinientos y ochenta
años que goza Madrid.
Le envió a Sergio San Pedro,
piedra, no de Sinaí
sino la piedra en que estriba

la soberana Judit.
De pontífices y santos
cría ha sido en Asiaín,
pues de ella Dámaso el sabio
la iglesia vino a regir.
Con Melquisedec glorioso,
mártir uno, otro sutil
ingenio y tan gran poeta,
que él solo se excedió a sí.
Madre es de reyes y Reinas,
pues se ennoblece por ti
y por tu hermana María,
soberana emperatriz.
Es su horizonte tan claro,
que estándose para hundir
el mundo con gruesas nubes,
sin pensar y sin sentir,
los aires quedan más puros
y los cielos más turquí.
Su lisonja es Guadarrama,
pues cuando el Sol por cenit
mayor la fuere, la tiempla
la nieve del Balsaín
tanto que a pesar del tiempo
puede arrogante decir
que en los rigores de julio
tiene templanzas de abril.
Un amago de cristal
le besa el pie por servir
en sus pechos de brinquiño
y en sus plantas de tapiz.
Sierpe de que no hace caso
ceñida de su matiz,
que soberbia entre agua y fuego

quiere ser monstruo Madrid.
No pule penachos bellos
de árboles ni el jaraguí
se corona con el Darro
ni enrosca como el Genil.
Mas en crespos mares de oro
se ilustra dando gentil
en cada grano de hanega,
en cada arista un cahiz.
Ceres y Baco la adornan,
pues juzgando a Esquivias vil
Ocaña es su eterno brindis
y su copa San Martín.
Sus montes son tan tratables
que en sus cuevas sin mentir
puede ser lágrima Londres
y ser átomo París.
Su contorno fertilizan
dos ríos, que deslucir
pueden soberbias del Po
y vanidades del Rin.
Al fin Burgos viuda y sola
llora los tiempos del Cid,
sirviéndole sus montañas
de tocas de canequí.
Toledo es, en un diamante,
poco trono en real telliz,
más monte para admirado
que corte para asistir.
Valladolid entre nieblas
se suele echar a dormir,
aunque el estío la engaña
con su flamenco país.
Segovia es, en nieve eterna,

cisne de Villacastín;
Ávila es corto edificio
y montes se han de subir.
Medina del Campo es poca,
Salamanca es en el fin
del mundo, Toro está lejos,
Zamora no es para ti;
y así para corte sola
destinó el cielo a Madrid.

Juana　　　　　Yo con vuestro parecer
al César quiero escribir,
que en ella la corte asiente.
Condestable, ¿qué decís?

Condestable　　　Lo que el duque.

Juana　　　　　　　¿Y los demás?

Otro　　　　　　Que sea.

Condestable　　　　Todos aquí
el primer lugar le damos.

Juana　　　　　　Pues alto, corte es Madrid,
porque quiero que me deba
aquesta grandeza a mí.

García　　　　　Ya al Sol se quitó la nube.

Juana　　　　　　Don García, a prevenir
luego los inquisidores
que importan.

García   Harélo así.

(Vanse y salen [el Emperador] Carlos V, Felipe, Andrés y los que pudieren.)

Felipe   El parlamento ha sabido
                                que llegó de Ingalaterra
                                vuestra majestad, señor,
                                y la noble y la plebeya
                                apellida a don Carlos;
                                toda la ciudad se altera,
                                esta noche os quieren ver.

Emperador   Es justo que se obedezca
                                mas con una condición,
                                que me ha de tratar su alteza
                                como a su mejor criado.

Andrés   ¡Qué humildad!

Otro   ¡Y qué grandeza!

Emperador   Venga su alteza a su cuarto.

Felipe   Su majestad se detenga.

Emperador   Yo no he de pasar de aquí,
                                que me importa.

Felipe   A tal respuesta
                                obedecer es mejor.
                                Enternecido me lleva.

(Vanse y quedan el Emperador y Andrés.)

Emperador	¿Cerraste la puerta?
Andrés	Ya al marco la puerta eché.
Emperador	Gracias a Dios que llegué adonde el descanso está. Andrés, esa luz me da, pues que la tengo por ti. Mucho aparato hay aquí. Haraslo quitar mañana sin dilación, que ya es vana toda ostentación en mí. Ya con don Felipe estoy descansado.
Andrés	¿Viste en él?
Emperador	Más vale, Andrés, tu fardel que cuantos reinos le doy. Hoy soy Rey y césar soy, pues de mí mismo he triunfado; los despojos que he sacado del mundo son los que ves.
Andrés	¡Gran Rey!
Emperador	Aunque tarde, Andrés, bien habemos negociado. Éstos de la majestad redimo sabios despojos, que mudamente a los ojos significan la verdad. Todo es sin Dios vanidad,

sin Dios todo es sombra avara.
Todo su poder declara
que el hombre de más poder,
muriendo para en no ser,
y Dios en sí mismo para.

(Saca una caja.)   Ésta es una efigie rara
del archiduque mi abuelo,
espejo en quien me consuelo,
cristal que templa mi cara,
Luna fue luciente clara
de majestad guarnecida;
y aunque la muerte atrevida
la caja desguarneció,
sano el cristal me dejó
donde componga mi vida.

(Saca un cilicio.)   Éste heredé de mi tía,
santa como bella aurora,
.... [-ora]
Reina en mayor monarquía.
.... [-ía]
Ésta en mis labios veo
en su purpúreo deseo,
que hasta hoy quinientos han sido
los santos que Austria ha tenido
desde el santo Clodobeo.

De tantos desciendo, tantos
hacen mi casa gloriosa,
si en imperio poderosa,
inmortal y eterna en santos,
estos del infierno espantos,
gloria de la iglesia han sido,
que a Austria así ha enriquecido
que valerosos han dado
santos que la han ilustrado,

reyes que la han defendido.
Yo solo soy el peor
de todos, y aun hoy, Andrés,
si aquel día no me ves,
perseverara en mi error.
Siempre fuera emperador
y en mi encanto estuviera;
mas Dios quiso que naciera
en Cuacos voz semejante
para que Carlos de Gante
por ella cantar pudiera.

Andrés   A Dios, vuestra majestad,
y a sus virtudes inmensas
debe este triunfo.

Emperador   Cuidado,
pues corre ya por mi cuenta
con el fardellito, Andrés,
un átomo no se pierda
de tiempo, que tanto vale
y que tan poco se precia.

Andrés   Corónica es que me toca;
a que prevenga la cena
voy a vuestra majestad.

Emperador   Excusa las opulencias;
solo bizcocho servida [tengo],
que en barro servida venga.
y el agua también en barro,
que quiero que al alma advierta
si se engañó en oro y plata,
que la majestad es tierra.

Retira esas prendas.

(Dale la caja.)

Andrés   Voy.

Emperador   Considera que esas prendas
                          más que mis imperios valen.
                          Andrés, cuidado con ellas.

(Vase Andrés y dice una voz dentro.)

Voz   Carlos V.

Emperador   ¿Quién me llama?

Voz   ¡César, César!

Emperador   Ya no es césar.
                          Carlos de Austria es ya su nombre.

Voz   ¿Y eso no te desconsuela?
                          ¿No estás tú señor del mundo
                          dos horas ya?

Emperador   Sí, ya apenas
                          para el imperio mayor
                          tengo siete pies de tierra.

Voz   ¿Toda no era tuya?

Emperador   Sí.

Voz   Pues dime, ¿cómo la dejas?

Cincuenta y cinco años tienes,
muy bien puedes vivir treinta,
....
Míralo bien.

Emperador   ¡Oh, qué necia
prevención en prevenirme
desconsuelos y tristezas!
Éste es algún enemigo
que de esta suerte se venga
de mí. ¡Guillermo, Andrés, hola!
¡Andrés!

(Sale Andrés.)

Andrés   Señor, espera.
Aquí están bizcochos y agua.

(Tocan atabales y va saliendo Felipe, y hachas delante.)

Emperador   Bien parece esta grandeza,
pero aguarda.

Andrés   Con tal pompa
honra al nuevo Rey Bruselas.
Hachas vienen.

Emperador   Pues, retira
esto que traes, y prevengan
con brevedad mi partida
para España, que me espera
mi hija en Valladolid
y verla el alma desea.

Felipe	Ya las fiestas nos aguardan.

Emperador	¡Jesús, señor! ¿Vuestra alteza se ha de humanar de esa suerte? Cubra, cubra la cabeza mire que soy su vasallo.

Andrés	¿No se enternecen las piedras?

Felipe	Padre, señor.

Emperador	Hijo mío, vamos muy enhorabuena. Dadme esa luz.

(Toma una hacha y va delante.)

Felipe	Gran señor, yo he de alumbrarle con ésta, y advierta que soy su hijo.

(Toma Felipe otra.)

Emperador	¡Que soy su criado advierta!

Felipe	¿Qué dirá el mundo de mí?

Emperador	Que es muy justa la obediencia.

Felipe	Así obedezco a mi padre.

Emperador	Y así mi Rey se respeta.

(Deja la hacha y cúbrese Felipe y el Emperador quitado el sombrero va alumbrando.)

Fin de la segundo jornada

Jornada tercera

(Tocan un clarín o trompeta a modo de desembarcar, y salen el duque de Alba y soldados.)

Alba
Hoy el mayor soldado
que la tierra y la mar ha venerado,
monarca sin segundo
desprecio singular de tanto mundo,
verá en nuestros extremos
que en sus escuelas militado habemos.

Soldado
Ya las naos se divisan.

Alba
Garza en los vientos son, los aires pesan,
hagan los fuertes salva,
sean los sacros pájaros del Alba
y el rosicler abone
del Sol que va a nacer cuando se pone,
y vea que el amor nos ha quedado
cuando él la monarquía ha renunciado.

(Sale [el Emperador] Carlos y Andrés con su fardel, y la caja debajo del brazo. [El Emperador] Carlos besa la tierra.)

Soldado
El labio en tierra pone.

Alba
Así sus afectos la virtud dispone.

Emperador
Pueblo de vidrio undoso
por quien fui soberano y poderoso,
adiós, que agradecido
desde hoy de tus ondas me despido.
Dios transmite mil veces

perlas en nácar y zafir en peces.
Beso otra vez la tierra,
que me saca a la paz de tanta guerra.
Ya, Andrés, en salvamento
redimimos al mar furias del viento.

Andrés   Favorables han sido.

Emperador   Que no soy César ya no habrán sabido,
que si lo imaginaran
hoy de tantas fatigas se vengaran.

Alba   Vuestra majestad me dé
sus pies.

Emperador   Prevención igual
digna es de tal general.
Dadme los brazos, que sé
que los habéis merecido,
Duque, por vuestro valor.

Alba   ¿Yo los brazos, gran señor?

Emperador   Por mi consuelo los pido,
que son los brazos primeros
que en España llego a ver.
¿Cómo estáis?

Alba   Con nuevo ser,
después que he llegado a veros,
aunque viejo en vuestra luz,
en quien mi vista acobardo.

Emperador   Viejo estáis pero gallardo.

Bien honráis el arcabuz.
Vuestro cuidado y valor
en el escuadrón se ve.
Yo, duque, le escribiré
que os honre el Rey mi señor.

[Unas voces dentro.]

Voz   ¡Caso extraño y peregrino!

Emperador   ¿Qué ha causado ese alboroto?

Soldado   Tu nao, ya el árbol roto
se anega.

Alba   ¡Cielo divino!
Si estuviérades allí...

Emperador   Yo al mar esa cortesía
agradezco, pues podía
vengarse en ella de mí.
Ya sé que no se la debo,
que hartas veces le he domado,
y en su piélago salado
he sido otro Jerjes nuevo.
Mas ésta fue vanagloria
del mar en triunfo pequeño,
queriendo en mi poco leño
eternizar su memoria.
Muchas veces alterado
le atropellé y le vencí,
y hoy quiso de rabia en mí
comer el postrer bocado.
Dios, monstruo, de ti me escapa;

81

vengarte de mí quisiste,
pero como no pudiste,
hiciste el golpe en la capa.
    Agradecido te quedo
poco y mis dudas absuelves,
que el no anegarme en los Gelves
sin duda que fue de miedo.
    Miedo fue a mi planta grave,
pues hoy de ti, bestia fiera,
aguardaste que saliera
para vengarte en mi nave.
    Da a tus golfos para honrarlos
ese postrero despojo,
y di: «Aquí vengo un enojo
de muchos que me dio Carlos».
    Pero sin duda has sabido
que el triunfo más bizarro
mío, esa nave es el carro
en que glorioso he venido,
    y has querido amable y fiel
con prevenciones iguales
venerarle en tus cristales,
porque otro no triunfe de él.
    ¿Hundiéronse muchos?

Alba   Todos
a las aguas se arrojaron,
y en los bajeles hallaron
salvamento por mil modos.
    Todo lo demás hundillo
pudo.

Emperador   No me da cuidado,
como Andrés haya escapado

la caja y el fardelillo,
  que ya filósofo digo,
después que en la cuenta caigo,
que todos mis bienes traigo
y mis riquezas conmigo.
  Andrés, ya en la paz estamos,
no más guerra, no más mar.

Andrés   A tardar más.

Emperador   A tardar
materia a los tiempos damos,
  que ya la Coruña excuso
las justas ya en mí molestas,
que aunque agora son mis fiestas,
no es tiempo que de ellas uso.

Alba   ¿Cómo, si ya se alborota
y el cuidado le pregunto?

Emperador   Decidles, duque, que vengo
con achaques de la gota.

Alba   Solo, señor, has de dar
licencia a las chirimías.

Emperador   Solo he de estar tres días,
que me importa el caminar.

Alba   ¡Notable humildad!

Andrés   ¡Extraña!

Emperador   Luego, Andrés, a toda prisa

ha de saber la princesa
como estamos en España;
ven, escribiré, y serás
tú mismo el embajador.

Andrés   Eso es turbar tu valor.

Emperador   Esto es concernirme más;
                            no es hacerte a ti favor
                            sino ajustarme a otro estado,
                            que un donado a otro donado
                            bien sirve de embajador.

(Vanse y salen la princesa doña Juana y don García.)

Juana   Cansada salgo.

García   Trabajo
                            para vuestra alteza ha sido.

Juana   Piden espacio y secreto
                            las cosas del Santo Oficio.

García   Salir los inquisidores
                            a las nueve habemos visto,
                            y las cuatro de la tarde
                            son ya.

Juana   No son de sí mismos
                            dueños, García, los jueces
                            que son del cielo ministros,
                            y más en la Inquisición,
                            que siempre Atlantes han sido
                            para sustentar los polos

de los secretos divinos.
¡Oh, tribunal soberano,
fundado todo en los siglos
de mis bisabuelos santos
con celestiales auxilios!
Mucho nuestra ilustre España
os debe, pues ha blandido
contra cizañas dañosas
esos penetrantes filos.
Mandad, García, hacer luego
con secreto y sin ruido
lo que os dice ese papel
que va de mi mano escrito
por no fiarlo, que aquí
de vuestro secreto fío,
de ningún otro.

García   Yo voy.
                            .... [i-o].

(Sale el Condestable.)

Condestable   Con el duque de Gandía
su hermana, que ya ha venido,
piden licencia de verte.

Juana   Pues entren que os certifico
que es de los mayores gustos
que darme pudo otro aviso,
fuera de los de mi padre
a quien adoro y estimo.

García   En la antecámara están;
ya llegan.

(Salen el duque de Gandía y doña Isabel, de monja.)

Gandía   Los pies suplico
                    nos dé a besar vuestra alteza.

Juana   Prima Isabel, ¿al oficio
                    de camarera venís
                    de esa suerte, habiendo sido
                    tan prolija mi esperanza
                    que en dos estados he visto
                    de mi fortuna osadías,
                    de mi persona prodigios,
                    vuestra venida esperando?
                    ¿Qué traje es éste?

Isabel   No ha sido
                    la culpa mía del todo
                    ni el impulso ha sido mío,
                    como sabrá vuestra alteza
                    del suceso peregrino
                    del caballo.

Juana   Ya yo supe,
                    Isabel, ese peligro.

Isabel   No doña Isabel de Borja
                    soy ya, porque en otro siglo
                    Soror Francisca me llamo
                    de Jesús.

Juana   Mucho me admiro;
                    pues, ¿no sois mi camarera?

Isabel   Señora, el sayal que visto
es ya de monja descalza
que el seráfico Francisco
dio a mi madre Santa Clara.
La obediencia me ha traído
de Gandía a que fundase
en cierto lugar vecino
de la Rioja a quien llaman
casa de la Reina, y quiso
mi tía doña Juliana
de Aragón que fuese el sitio
ésta a instancia de sus ruegos.

Juana   Todo lo tengo entendido.
¿No es la duquesa de Frías?

Gandía   Acción es de su buen juicio.

Juana   Y ella en el de todos santa.

Isabel   Para lo cual nos partimos
siete monjas.

Juana   Siete estrellas
mejor hubiérades dicho.

Isabel   Sabiendo que vuestra alteza
gobernaba con divino
modo aquí en Valladolid
la corte, el duque ha querido,
mi hermano, darme licencia,
y viendo era gusto mío
de besar tus reales manos.

Juana	Por padre y hermano asisto aquí, aunque determinado tengo ya en Madrid el sitio para la corte de España, que en esto el haber nacido en aquella villa advierto que agradecida la estimo; y aunque ha de quedarme en deuda de tan heroico principio, deteneos por consuelo, Soror Francisca, que fío que muy presto de emplearos, no para que en mi servicio seáis mi camarera, mas ser mi prelada imagino que lo he tenido propuesto después que estas tocas ciño.
Isabel	Dadme esos pies.
Juana	En los vuestros me enseño yo y me ejercito, porque, Francisca, en el alma con cierto respeto os miro.
Isabel	Yo me detendré gozando favores tan infinitos.
Gandía	Y conseguirá el de todos y la ocasión de serviros.
Isabel	Hame dicho que os casáis.
Juana	El archiduque, mi primo,

quiere mi hermano que sea
de mis tristezas alivio;
y obedecerle es forzoso,
aunque quisiera a mi hijo,
don Sebastián, no dar padre
sino ser al obelisco
del príncipe mi señor
segundo asombro artemiso.

Gandía   Yo del archiduque traigo
un retrato peregrino
que servirá a vuestra alteza.

Juana   ¿De Matías es?

Gandía   Del mismo.

Juana   Mucho, duque, he de estimarlo.

Gandía   Voy por él si en esto os sirvo.

(Vase el duque de Gandía.)

Isabel   Yo sé que el cielo es Matías;
por un hombre un ángel mismo
tanto valor puso en él;
y para que lo que digo
se acredite, yo otra copia
tengo en que ha de verle el vivo
pincel, que así profanó
con lo humano lo divino
del glorioso original.

Jaime   Pincel tan valiente ha sido

tu labio, que ya la copia
de ese original codicio.

Isabel   Pues voy, señor, por él.

(Vase doña Isabel.)

Juana   Veremos donde ha cedido
el pincel reglas del arte,
emulación de lo vivo.

(Sale don García.)

García   ¿A estas horas, gran señora,
vuestra alteza no ha comido?

Juana   ¿Quién os lo ha dicho?

García   Las mesas
mudamente me lo han dicho.

Juana   ¿Pues, vos no sabéis que son
los reyes del beneficio
del pueblo ministros fieles?
Así los ratos me quito,
que no gobernando un reino
pudiera llamarlos míos.

(Sale doña Isabel con retrato.)

Isabel   Esta copia a vuestra alteza
le traigo.

Juana   No estéis dudosa

de que me llame su esposa
ni lo juzguéis a extrañeza;
él es mío con certeza,
y suya prometí ser.

Isabel   Monja descalza ha de ser
sin duda.

Juana   Córtele el velo,
Isabel. ¡Válgame el cielo!
¿Qué es esto que llego a ver?

(El retrato es [uno de] San Francisco.)

Isabel   La copia del soberano
esposo, a quien ya se ofrece
vuestra alteza y quien merece
tan solamente su mano.

Juana   En desengaño tan llano
se confunde mi porfía,
pues en tan notable día
me dais aquí sin saber
la copia que he menester,
mas no la que yo os pedía.
La encarecida esperanza
del archiduque con quien
me casa el Rey, y aunque bien
el casamiento me estaba,
larga cuenta me aguardaba
de corto y breve camino;
y así Francisco a ser vino,
en efecto tan soberano,
desprecio del reino humano,

elección del Rey divino.

Isabel   Si a vuestra alteza he traído
esta ilustre copia agora
del serafín que enamora
y yo por padre he tenido,
agradecimiento ha sido
al día en que le previene
fundar un convento.

Juana   Y tiene
tanto a santo ese traslado,
que aunque vos me lo habéis dado,
sé que de otra mano viene.
 Él viene a pedirme aquí,
viendo que elijo otro esposo,
de palabra, poderoso,
que en mi corazón le di;
fundación en mí sentí
de la observancia primera,
clausura en que a Dios sirviera,
él quiso porque triunfara
que antes Francisco llegara
que el archiduque viniera.

(Sale el Duque con el retrato.)

Duque   Acredite aquí lo hermoso
del retrato encarecido.

Juana   Tarde, Duque, habéis venido.

Duque   ¿Tarde?

Juana	Tengo ya otro esposo.
Duque	.... [-oso] Galán, bizarro y fuerte honra lo robusto y fuerte de Matías.
Juana	Mas la muerte trueca las acciones mías.
Duque	¿Qué dices?
Isabel	Que aunque es Matías, no le ha caído la suerte.
Juana	Entre admiración y espanto cuando un esposo deseo aquí un archiduque veo, y aquí estoy mirando un santo; aquí al poder me levanto, aquí a la humildad me entrego; aquí a la virtud me niego, aquí la obediencia sigo; aquí me espera el castigo, aquí me llama el sosiego. Aquí es la deidad mortal, aquí lo mortal es sombra; aquí la púrpura asomara, aquí enamora el sayal; aquí hay bien que siempre es mal, aquí vive el mal distinto y en tan grande laberinto, con lo que el alma desea, mejor que en Reinar se emplea

la hija de Carlos V.

Duque   ¿Luego casarse no quiere
vuestra alteza?

Juana   Duque, no;
escribid al Rey que yo
le escribiré si pudiere;
Dios al hombre se prefiere;
déjese al hombre por Dios;
dejadme esa copia vos
—¡Ay, Soror Francisca!— a mí
que presto en Madrid así
nos gozaremos las dos.

(Sale Don García.)

García   Deme vuestra alteza albricias.

Juana   Yo, don García, os las mando.

García   De la Coruña ha salido
el César.

Juana   ¿Quién nueva ha dado
de eso?

García   Este soldado viene.

(Sale Andrés.)

Andrés   Su majestad me ha encargado
a mí este pliego, aunque había
para ello príncipes tantos.

(Dáselo.)

Juana
　　　　　Para embajador de un César
no venís muy bien tratado.

Andrés
　　　　　No es del César este pliego.

Juana
　　　　　¿Pues de quién?

Andrés
　　　　　　　Es de don Carlos
de Austria, un pobre caballero,
tan pobre y necesitado
que cosa suya no tiene,
habiendo ganado tanto.

Juana
　　　　¿Tan pobre está?

Andrés
　　　　　　　Sí, señora,
porque no es señor de un cuarto
si no se lo dan o prestan.

Juana
　　　　　Al que es pobre voluntario
todo le sobra.

Andrés
　　　　　　　Es así.

Juana
　　　　　Todos son hoy desengaños,
y así empezando a vencer
quiero exceder en este acto
a mi padre haciendo en él
los favores soberanos
de embajador; dadnos sillas.

García	En esta mujer se hallaron majestad y entendimiento.
Juana	Embajador, asentaos.
Andrés	¿Yo, señora?
Juana	Vos.
Andrés	Mirad.
Juana	Esta cortesía no os hago sino al dueño que os envía; sentaos y pensad que os trato no así por embajador de un César sino de un santo.
(Lee.)	«Hija, en la Coruña estoy; mañana a veros me parto; excusad las vanaglorias que en otras os he encargado. Desde el día que propuse vivir como hombre ordinario, habitar techos humildes quise y no opulentos cuartos como ya he dicho; y así que elijáis os ruego y mando, si puedo, una casa humilde cerca de vuestro palacio para mi aposento, en quien haréis un modesto paso, por donde sin que nos vean podamos comunicarnos.»

Enternéceme de nuevo,
aunque tengo ese cuidado;
cuanto al aposento toca,
esté advertido el palacio
que según esto a mi padre
de en hora en hora le aguardo.

Andrés   Yo tardé y así le espero.

Juana   Desprecio fue no alcanzado
de hombre jamás.

Duque   En su aldea
callen Séneca y Horacio.

Juana   Si este desengaño vemos,
¿cómo admitimos engaños?

(Mira la Princesa [Juana] a Andrés y lee.)

«Honraréis al portador
quien se llama Andrés de Cuacos,
el mayor amigo mío
y nuestro mayor privado.»
¿Vos sois el cantor?

Andrés   Señora,
con mi canto desengaño
al cisne cuando se muere,
porque siempre estoy cantando.

Juana   Referidme la canción,
que me ha encarecido tanto
mi padre.

Andrés	¿Señora?
Juana	En mí será también desengaño.
Andrés	Miren si cantaré bien; mas quisiera un mosquetazo que cantar aquí delante; el demonio lo ha ordenado.
Juana	¿No acabáis?
Andrés	Señora, sí, que a uno que están ahorcando le dejan decir el credo; ¿yo músico y en palacio?
(Canta.)	«Pobre nací, pobre viví. y pobre me estoy; y dáseme un cornado del Emperador.»
Juana	Es la canción extremada, y según me han informado de vuestra puntualidad, vuestra advertencia y recato, bien podéis decir seguro que no hacéis del César caso. Hola, dadme de comer, porque luego dispongamos, Soror Francisca, otras cosas; y vos, llegad a mis brazos.

Andrés	¡Señora!
Juana	Mi padre manda que os honra y es fuerza honraros. ¿Qué es esto?
Andrés	Es la monarquía que sobre mis hombros traigo.

(Atiéntase el fardel.)

Juana	Daréis buena cuenta de ella; pónganle una mesa al lado de la mía, que con él quiero partir los platos.
Andrés	En esta venta postrera comí un poco del tasajo y unas manos de carnero; .... [-a-o] ¿Yo asentarme? ¿Yo?
Juana	Venid, que en vos enseñarme trato a ser pobre.
Andrés	¿Qué mujer! ¿Tanta honra a Andrés de Cuacos?

(Va saliendo Cazalla y vanse todos menos el Duque.)

Duque	En la más grave y severa mujer del mundo es espanto lo que he visto.

Cazalla   ¿Vuestra excelencia
                   acaso estará informado
                   si la Reina mi señora
                   ha dado algún obispado
                   en la consulta de hoy
                   de dos que han quedado vacos?

Duque   Señor doctor, no lo sé;
                   si ello estuviera en mi mano,
                   el de Toledo le diera,
                   porque estoy bien informado
                   de sus virtudes y letras.
(Aparte.)   (Aquéste ha de ser un santo,
                   no hay duda que se le den.)

Cazalla   ¡Vivas infinitos años!
(Aparte.)   (Soy un grande pecador.
                   Es ambición, que ya vamos
                   viento en popa, pues la mitra
                   dará fuerza a mis engaños.
                   Vana adoración pretendo,
                   vida espero en bronce y mármol
                   en España, si Lutero
                   logra en Sajonia alabastros.
                   Ambición me ensorbece;
                   los vicios me están brindando
                   cuando por sabio me estiman
                   y me veneran por santo.)

(Sale al Princesa Doña Juana alborotada.)

Juana   No he podido reposar
                   desde que sé que en palacio

para hablarme entra Cazalla,
visita que espero tanto.

Cazalla   A mi casa, gran señora,
fue a decirme el secretario,
en vuestro nombre, que estaban
vacos los dos obispados
de Córdoba y Plasencia
y que acudiera a palacio,
y así vengo a vuestros pies.

Juana   Antes venís a mis manos.
De cólera estoy perdida.
Tres obispados hay vacos.

Cazalla   ¿Y cuál es, señora, el otro?

Juana   Es, doctor, el que he de daros,
que ahí está en ese bufete.

Cazalla   ¿Cuál es, señora?

Juana   Miradlo.

(Túrbase Cazalla que ve una coroza y una soga.)

Cazalla   ¿Éste es mi obispado?

Juana   Sí,
sacerdote de Baal,
que en vos la palia es dogal
y en vos la mitra es así;
ésta que miráis aquí
monstruo de la iglesia fiero

con blanca piel de cordero,
para vos dispuesta está,
que ésta es la mitra que da
el pontífice Lutero.

Cazalla   ¿Ésta a mí?

Juana   Ésta ganáis,
vil cuerpo, sangriento arpía,
que al que es vida y pan de vida
de noche muerte le dais;
ésta quiere que os pongáis
aquel monstruo horrible, aquel
loco Amán, ese cruel;
y aquí en su nombre os la entrego,
porque obispados de fuego
piden mitras de papel.
   Con vuestro nombre quisisteis
vuestra fama acreditar;
dogmas fuisteis a cazar
y vos cazado vinisteis.
Al velo alevoso fuisteis
y vuestro honor avasallan
muchos que culpado os hallan
......................era
en la fe; la frente fiera
he de quebraros, Cazalla.
   Vuestros ministros tiranos
faltan ya; en Logroño preso
está don Carlos de Seso;
sin él en actos tan vanos
vuestra madre y cinco hermanos;
ya preso Errezuelo vino
de Toro y de desatino

el maestro Pérez ya
paga, y ya en Sevilla está
preso el doctor Constantino.
　　Ya presas por vos están
mil vírgenes profanadas,
religiosas y casadas
y otras que crédito os dan;
id, que aguardándoos están,
si no con valor sucinto
jamás de mi ser distinto,
yo os llevaré y postraré,
que hasta en defender la fe
soy hija de Carlos V.

(Hácele hincar de rodilla.)

Cazalla　　　　　　　¡Señora!

Juana　　　　　　　　　　No abráis el labio,
que infincionáis la pureza
de este cuarto.

Cazalla　　　　　　　　　　¡Vuestra alteza!

Juana　　　　　　　No hagáis a mi nombre agravio.
¿Vos sois español? ¿Vos sabio?
Mentís, de la iglesia afrenta.
Muera el que errores inventa.
¡Hola!

(Salen el Condestable y el Duque de Gandía.)

Condestable　　　　　　¡Qué es esto?

Juana
                                                        Un traidor
                                que ha caído del error
                                y no ha caído de la cuenta.
                                    Un ministro de Betel
                                que a nuestra España persigue,
                                porque ella a decir se obligue,
                                que ha habido herejes por él.
                                Un vil Lutero, un Luzbel
                                que del monte inaccesible
                                otra vez quiere insufrible
                                turbar estrellas al Sol,
                                y un heresiarca español
                                que es el mayor imposible.

(Sale Andrés.)

Andrés
                                    En este punto, señora,
                                tuve aviso de que llega
                                el César.

Juana
                                        Bastante prueba
                                de lo que el alma le adora
                                es dejar tal presa agora.
                                A verle vamos, Andrés.

Andrés
                                    No quiere aplausos después
                                que olvida tantos extremos.

Juana
                                    Por el pasadizo iremos,
                                y esa fiera de mis pies
                                    entregad a los cordeles,
                                porque al santo oficio luego
                                le lleven, y pague en fuego
                                sus intenciones crueles.

104

Cazalla	¡Señora!
Juana	De esto no apeles sino al herético instinto de tu torpe laberinto. Sabrá el hereje que soy, padre, cuando a verte voy, la hija de Carlos V.

(Vanse y llevan a Cazalla.)

Duque	No presumo que pudiera el hombre de más valor emprender acción mayor con gloria más verdadera.
Isabel	Ya en Valladolid está, hermano, el César, y agora la princesa, mi señora, entiendo que nos dará licencia de proseguir el viaje que llevamos, pues al tiempo que tardamos mi tía lo ha de sentir.
Duque	Por dar gusto a la princesa en él muestro mi afición; no siento la suspensión ni haber tardado me pesa, aunque importaría primero besar al César la mano.
Isabel	Eso solamente, hermano,

viene a ser ya lo que espero;
por el pasadizo fue
la princesa solamente.

Duque   Quien de su pecho valiente
viera la obediencia y fe.

Isabel   Quien duda que en sus acciones
viera el mundo celebradas
palabras autorizadas
de dos tiernos corazones.

Duque   Vamos, que con nuestro amor
tampoco habrá autoridad,
pues prefiere la humildad
al cetro.

Isabel   ¡Extraño valor!

(Vanse y sale el [Emperador] y detiene a Andrés de Cuacos.)

Emperador   Bien sé, Andrés, que los ojos
son del alma vidrieras,
que en tanto contento al llanto
franquean las dulces puertas.
¡Válgame Dios, qué alegría
tuve de ver la princesa
mi hija! Para vivir
le rogué a Andrés que se fuera;
dejome por consolarme
y aflíjome ya en su ausencia.

Andrés   A pocos pasos, señor,
está el cuarto de su alteza.

Emperador	Pues así que antes de mucho rato he de ir sin que me vea.
Andrés	Con valor prendió a Cazalla y a sus secuaces con flema digna del ingenio suyo.
Emperador	Para quemarlo licencia me pide, y yo la suplico que dé a su hermano esa empresa. Felipe hará esa justicia que sabrá muy bien hacerla; los dos al justo castigo es bien que presentes sean. Ya en Valladolid estamos; entremos, Andrés, en cuentas con nuestras humildes vidas. Aparato grande ostentan estas sillas; haz, Andrés, que me las saquen afuera; quíteme aquel cobertor, que si le miro de tela sobre mí tendrá el deseo de emperador la soberbia. Un paño buriel de luto mejor ha de estarme, y piensa, pues con la muerte me alegro, que en el lecho la modestia quiero también que a un sepulcro le bastan las galas negras. La sotanilla que dije, ¿mandaste, Andrés, que se hiciera?

Andrés	Fue la principal memoria.
Emperador	Permíteme que la vea, pues tendré para mi estado todo mi consuelo en ella.
Andrés	Véala tu majestad, que aquí está sobre esta mesa sotanilla y ferreruelo.

(Dásela.)

Emperador	Muestra, mucho me consuela, que éste es el arnés que importa a mis batallas postreras.
(Vase desnudando.)	Vestírmela quiero, Andrés, para que galán me veas y asegurado me miras, porque del mundo las fuerzas son como el plomo arrojado, que sirve al bronce de lengua.
(Vase vistiendo.)	Y menos a dañar viene donde hay menos resistencia; en tu libro de memorias estos blasones asienta, que hoy es el día que hago la mayor gala de jerga.
Andrés	Vuestra majestad, señor, galán estará y de fiesta diamante será entre plomo, sayal cubrirá la tela. La sotanilla es, señor, caja de preciosas perlas,

pues cubrirá la humildad
majestad que fue soberbia.
Representación parece
que acabada la comedia
los cetros y monarquías
deja el que los representa.
En el teatro del mundo
dio admiración tu grandeza
dejarla, porque discreto
de que eres hombre te acuerdas.
Excedes al Saladino
que en la muerte se desprecia,
porque esta vida acomodas
para conquistar la eterna.

Emperador   Andrés, pues estoy galán,
quiero ver a la princesa,
que a fe he de darla un rato
de regocijo y de fiesta.
Traerasme también la caja,
porque quiero verme en ella
el contento de las joyas,
que escapé de la tormenta
del mundo.

Andrés   Con esta vista
no dudo que se entretenga.

Emperador   Las humildades levanta
Dios, humilla la soberbia.

(Vanse, y salen la princesa doña Juana y doña Isabel.)

Juana   Cosa, Isabel, no podía

109

causarme contento igual
que vestirme este sayal
en que fundo mi alegría.

Isabel   Estos dos hábitos son
de la milicia de Clara.

Juana   En probármelos declara
su intento mi corazón,
  y solo por contemplarme
un día de esta manera
trocara la gloria entera
que el mundo pudiera darme.

Isabel   Las vestiduras reales
podréis sobre ella poneros,
pues se guardan los aceros
mejor entre los sayales.

Juana   ¿Cuándo os partís?

Isabel   Con suave
modo lo ordena mi hermano,
y como en su gusto gano
lo que vuestra alteza sabe,
  no tengo resolución;
pero según agora entiendo,
todo lo está previniendo
sin falta.

Juana   A mi corazón
me está como amigo fiel
entre unos impulsos raros,
diciendo que he de imitaros

en un convento, Isabel.

(Sale el Condestable.)

Condestable Lo que vuestra alteza ordena
ya está prevenido todo,
pero...

Juana Verme de este modo
no os dé, Condestable, pena.

(Sale el Duque.)

Duque Señora, el César aquí
entra por el pasadizo.

Juana ¡Jesús! Aunque así eternizo
su nombre, no estoy en mí;
dame luego otro vestido;
no puede ser que ya entró.

(Sale el Emperador Carlos.)

Emperador Hija, ¿pues de veros yo
tal tu pasión ha nacido?
¿No advertís que solamente
vine por manifestaros
esta humildad y enseñaros
el hábito más decente?
No os inquietéis, que aunque vos
parece que me imitáis,
no vos a vos os lleváis
que ésa es hazaña de Dios.
Fiestas el alma granjea

en tan ajustado empleo,
cuando, doña Juana, os veo
vestida de mi librea.
  Tener firmeza es ganancia
segura y no desconsuelo,
que no se conquista el cielo
faltando perseverancia.

Juana   Señor, en vuestro valor
conozco que la humildad
levanta la majestad
la gloria más superior.
  En ese traje confundo
del siglo las vanidades,
porque vos sacáis verdades
de las mentiras del mundo.
  Solos con estos ensayos
de fe, que a ser vuestra aspira
como girasol, que mira
de vuestro Sol a los rayos.
  Vaslos a poner, y yo,
conviene en tantas venturas,
dejándome el Sol a oscuras,
quedarme luciendo yo.

Emperador   Enternecido me tienes,
en ti mi valor contemplo,
pues yo pensé darte ejemplo
y tú a darme ejemplo vienes.
  ¿Qué es la ocasión del vestido
porque me alegro de verlo?

Juana   Señor, si quieres saberlo,
es que tengo prometido

	una fundación descalza;
	como me ensayo advertid.
Emperador	¿Y dónde será?
Juana	En Madrid.
Emperador	Así tu nombre se ensalza.
Juana	Si aquí no hay que te disguste
	mi intento proseguiré.
Emperador	En buen hora, y trataré
	yo de retirarme a Yuste,
	supuesto que el Rey tu hermano
	con aprobación gobierna
	del mundo su fama eterna.
Juana	Téngale Dios de su mano.
Duque	¿Hay semejante suceso?
Isabel	Yo, hermano, aprendo valor.
Emperador	Andrés de Cuacos.
Andrés	¿Señor?
Emperador	Mira qué extraño suceso;
	todo te lo debo a ti
	y el estado en que me veo.
Andrés	Señor, cúmpleme un deseo.

Emperador	¿Y es?
Andrés	Que no vamos de aquí.
Emperador	Ese soberano instinto, Andrés, nos ha de salvar.
Juana	Ya va el convento a fundar la hija de Carlos V.

Fin de la comedia

Libros a la carta

A la carta es un servicio especializado para
empresas,
librerías,
bibliotecas,
editoriales
y centros de enseñanza;
y permite confeccionar libros que, por su formato y concepción, sirven a los propósitos más específicos de estas instituciones.

Las empresas nos encargan ediciones personalizadas para marketing editorial o para regalos institucionales. Y los interesados solicitan, a título personal, ediciones antiguas, o no disponibles en el mercado; y las acompañan con notas y comentarios críticos.

Las ediciones tienen como apoyo un libro de estilo con todo tipo de referencias sobre los criterios de tratamiento tipográfico aplicados a nuestros libros que puede ser consultado en Linkgua-ediciones.com.

Linkgua edita por encargo diferentes versiones de una misma obra con distintos tratamientos ortotipográficos (actualizaciones de carácter divulgativo de un clásico, o versiones estrictamente fieles a la edición original de referencia).

Este servicio de ediciones a la carta le permitirá, si usted se dedica a la enseñanza, tener una forma de hacer pública su interpretación de un texto y, sobre una versión digitalizada «base», usted podrá introducir interpretaciones del texto fuente. Es un tópico que los profesores denuncien en clase los desmanes de una edición, o vayan comentando errores de interpretación de un texto y esta es una solución útil a esa necesidad del mundo académico.

Asimismo publicamos de manera sistemática, en un mismo catálogo, tesis doctorales y actas de congresos académicos, que son distribuidas a través de nuestra Web.

El servicio de «libros a la carta» funciona de dos formas.

1. Tenemos un fondo de libros digitalizados que usted puede personalizar en tiradas de al menos cinco ejemplares. Estas personalizaciones pueden ser de todo tipo: añadir notas de clase para uso de un grupo de estudiantes, introducir logos corporativos para uso con fines de marketing empresarial, etc. etc.

2. Buscamos libros descatalogados de otras editoriales y los reeditamos en tiradas cortas a petición de un cliente.